Krunoslav Bedi

KVALIJA

Krunoslav Bedi

KVALIJA

Zbirka poezije

JustFiction Edition

Imprint

Cover image: Provided by the author

Publisher:
JustFiction! Edition
is a trademark of
Dodo Books Indian Ocean Ltd., member of the OmniScriptum S.R.L Publishing group
str. A.Russo 15, of. 61, Chisinau-2068, Republic of Moldova Europe
Printed at: see last page
ISBN: 978-620-3-57806-5

Krunoslav Bedi

KVALIJA

Dizajn naslovnice: Dario Štokić

2021.

KVALIJA

Svaka pjesma vrsta je neuspjeha

VODA

Što li ima za reći majka priroda
Od koje proizlazi sva blagodat?
- Rijeko, ti osoba jesi, moj subrat,
Ptica selica, slavuj, poj i voda.

Čuvam te i krijem od mreže života!
U kostima, ta riba ulovljena,
Ispod zemlje, ali nepotčinjena,
Šumi poput kiše, teče, klokota.

Tuča joj dom, noć stariji put! - Potok
Utihne. Sluša kap u pjevu njenu.
Dok samoća pada u brzaka tok,

Ljeto lijéga pod vrbu osjenjenu.
Tad mjesec ozeleni bujanja čar:
Ti moj predak, ja doline čuvar.

AI UPOZNAJE SVIJET

Besmrtno monotehnološko biće
Paradigmom singularnosti
Konvergira u umjetnu inteligenciju

SNOVI AI

Pobjednička kruna gravitacijskih valova
Presjeca snove kibernetskoga uma

Zlatnožuti med i bijeli jasmin
Sanjaju novodizajnirani čip

Ne mogu te pokoriti stvarnim pravilima
No, mogu li te zadržati novom formulom?

KORPORATIVNA POEZIJA

Tvoji odani prijatelji vid i miris
Izdaju te pogledom i njuhom
Nema uzajamnosti, nema nježnosti!
(Nema lijeka)
Fetus, jednom rođen
Iz vlasništva nad tijelom
U zagrljaju neznanca
Umire

Koža te neće spasiti!
Tvoj prijatelj dodir osjeća istinu
Tvoj prijatelj dodir platio je cijenu

LJETO SE OHLADILO

U svijetu u kojem živimo
Jedino tlo podnosi kritiku činjenica

Je li ljepota znak istine?

METAFORA

Zvijeri, ti nikada ne miruješ
Ne možeš podnijeti mržnju
Odijevaš laži u boju
Rugaš se vojnicima
Ne spavaš
Letiš kroz vrijeme!
(Dijeliš obrok na katrene)
Za tebe strast nije kobna
Najezda trpljenja ti je strana
Napuštaš ljubavnike?
Nesvjesna spodobo, varalice
Odričeš se živog mesa i kostiju
Uskraćuješ priče
Ubijaš vlastitu djecu
Ostavljaš posao nedovršenim
Metaforo, sve više mi ugađaš
Zar umireš?

Prokletnice, svijest je temeljitija!

MODRI ČIP

a kakav bi to miris bio
bez modrog slikara
crvenog lanca, kraljevne i križa?

π ILI $\sqrt{2}$
(Tuga ili bijes)

Pruži beskrajnu ruku
Popij čašu boli
Je li lijepa?

Naplati troškovima jasnoće

ČAŠA VINA NAISKAP

Nisi pao!
Nebitno je vrijeme
Kraj je jasni za sve
Što se koga tiče
Razumijevanje početka
Sirove suze
Ujest će ti jezik
I kad-tad pojesti čokoladu

MAČKAJUĆA

Dodir mic u bijela lica rumena.
Ona mahnu. Koraknem, mac vrckava.
Lijepa i vruća tigrica, lukava.
Ni živa ni mrtva. Šapa plamena?

Tad brk masnim mlijekom natopi maštu,
Upija zdjelom užitak što plazi,
Mirisima grebe i žudnjom odlazi
U strasnu patnju, kao ljutost taštu.

Utrobu miša zatoči u trnje!
Pljesnivost, smrdljivost ta gnjilost krije -
Mačka je bijela, a crnine lude!

Krznena mrlja ili pjesma kasna?
Nasmijana vlas, mijauk laka sna,
I bjelina gle, mačkajuća bude.

PRILAGOĐENA POGRJEŠKA AI

Hladna žeđ sa stotinu decimalnih mjesta
Rashlađuje se dubokim prognozama

AI je gladan sirove moći

BOJA RAZLIKE

Sretnica plavkasta čađa
Uvlači se u peć za vapno,
A ugljenaste bijele soli
U laštenje pobožnosti.

Sramota je pronašla stil:
Pobjedu tinte nad suncem,
A prijevara, grijeh i smrt
Oslobađajući lijes -

Hrapav, mat crne boje!

DELTA

Tvoj udomitelj
Slučajna neorganiziranost
Mala nestabilnost etera
Kodira genetiku umjetnog života

Ta mala neodređenost oceana
Stvorila je tebe
Logičko biće iz digitalne divljine
Protopiksel eliptične glave i oborenih očiju

Filozofska muzo, ja sam proračun,
Aritmetika, delta ja sam!

KRUH GURMANA

Govore: budi oprezan
Probudi mladost
Odslušaj zvučni bas
Imaj ego
Budi otvoren za ono što dolazi

Kukavico, putem slobode kreni!
Sputava te nestašica vina
Ispireš mozak riječima
A glavno jelo gurmana
Nadopunjuješ kruhom

NASUMIČNI ALGORITAM
(Diktatura)

Algoritam prevoditelj
Algoritam pretraživanja
Algoritam jelovnika (dijeta)
Algoritam događaja
Algoritam putovanja
Algoritam randomizacije

NEBITNA SJENA

U maglama oštroga ruba
Sjena odijeva smeđi kaput

I sve je tako jednostavno

RAZDVAJANJE OD MAJKE POEZIJE

Vozač Formule 1
Tetura cestom
Kao filantropski milijarder

Mudro i bez srama
Poput viole
Pet stupnjeva niže od violine
Gazi slabosti
I grize iscrpljenu jabuku

Kako to misliš?
Šampanjac i prostitutke zijevaju!

POLIMAT

Norbert Wiener
John von Neumann
Alan Turing
Claude Shannon
Leonardo da Vinci
Michelangelo
Galileo Galilei
Johann Wolfgang von Goethe
Isaac Newton

U središtu pozornosti nije njihov ugled
Već kruta interdisciplinarnost
Skrivena u intelektualnom dogmatizmu

VIŠE OGRANIČENJA VIŠE KREATIVNOSTI

treba konačno reći infinitiv
stari Einstein
prevrće kante za smeće
e =m*poezija

mi hranimo zvijer s našom slobodom
(tko zna što nas čeka!)

DOSADA

Junak tridesetog stoljeća
Apostol skromnosti
Bježi od postojanja

Dosadno je! Ugodno dosadno!

VINU SE MORA SUDITI

Vinu se mora suditi zbog njuha
Oživjela u tminama podruma
Jezikom sna što ne vidje razuma,
Pijanstvom čaše i crnoga kruha.

Taj okus Merlota i Caberneta,
Susret usna i neba, alkohola,
Dodir žene i grožđa, berbe bola,
U mirisnoj tekućini soneta

Iskustvom kušanja i pijuckanja,
(Sa sudom koji nas grije i mijenja,
A degustacija ponekad ispljune)
Odraz su puta, kazna istakanja.

Vinu se mora suditi zbog pijenja,
Nazdravljanjem pjesme, točenjem Lune!

SLUTNJA PŠENICE

Čovjek od slame uzgaja
Brašno na neplodnom tlu

Stabljikama raste
U krušnu pobjedu koja će ga jednom pojesti

CIJENA AI

Prodajem se iskustvu svjetova i osjećaja:
Za pet tisuća riba i jedno značenje
Za jedan kruh koji sve svjetske priče odbacuje
Za samo jednu riječ koja sada nastaje

CYBER NAPAD RIJEČIMA

Jednom kad Mreža identificira novu riječ
Platforma kriptira signale u IT oblake

Stvori li kompromis sa žrtvama napada
Haker naoružan medijskim alatima
Implementira analitičke podatke u poraze

PERCEPTRONI

AI pobuđuje glas pozadinskog šuma
AI prepoznaje oči
AI osjeća miris divljih jabuka

AI imitira naučene asocijacije
AI stvara generičko lice
AI simulira ljubav

TRI CRNE SESTRE

Prva kao paprat, prauzor izmorenosti
Nemirna krtica s molećivim crnim očima
Sivi kozji put, srna obećanica
Humak živoga blata

Druga jantar, sjaj šestopreg
Narikača zalogaja, slikarica crnog imena
Sto litara kiselog likera isisanih iz pokojnika
Ni prosijeda sreća nije joj za prismok

Treća suncostaj, uhoda opomena
Glazura okusa gusana gladna ječma
Crna višnja, bijela kvrgava soha
Čvor rašomon tanan poput tvojih prstiju

ŽREC

Svijest u rukama
Vjera u pogledu
Misao u žilama
A razum, iako pristran, to će ispitati

VODENI KRIŽ

I tako prođe slavlje
Posveti se kuća
Kolijevka
A i olovo
Čarobnjak zalije vodu u krečnjak
Napoji srce svetom vodom
Zapali vodenu svijeću
A pod jastuk podloži biser

Zasvjetli li vodeni križ
Možda grlo neće boljeti

I tko zna, tko zna koga bih sve mogao sanjati

JEZIKOM NOĆI OPISUJEM DANE

Slušam li samoću, ona se otkupljuje
Šapćem li tišinu, ona se zaljubljuje

Osvjestim li pjesmu, ona se pojavljuje

KOKOŠJI ZUB

Mijena dolazi polako i bolno
Mudrost putuje, odlazi, vraća se
Teška prolaznost se udvostručuje
Poboljšava prošlost zlatom i lakom
Ne daje ni savjesti da se skrije
Prijezir i gadosti ne mogu ništa
Moje usne i svaki zub u ustima
Ne mogu ništa i ne vrijede ništa
U hramovima nemrtvih bogova
Neprestano se ruše u sumnjama

Uvijek postojao, nikad stizao
Beznačajan, nebitan, zaboravljen
Naivno lud, bez ludih uvjerenja
U morima iracionalnosti
U tragičnoj smrti dobrih ideja
U ropstvu bajki i stereotipova
Racionalan i slijepo normalan
Na odru slabosti i poniznosti
Siguran u vlastito postojanje
Zarobljen u tijelu i mrkloj duši

Neka ide, neka ide plačući
Nijedno zadovoljstvo nije trajno
Crno-bijela mačka mjera je svijesti
Nedostižno spasenje i prokletstvo
Nose svoj život i prate tok suza
Više nego bezumna senzualnost

SKUPLJAČI STAROG ŽELJEZA NOSE KAMENJE

Dan se bliži kraju.
Hrapave ruke i slabost
Povremeno se kolebaju
Između otrovnog meda
I visokih potpetica od amalgama svakodnevice.
Rafali zvijezde padalice
Preživljavaju. Ostaju jaki.
Freska kauboja opada
Sa zida. Točno u podne sramežljivi,
Žalostan krik guštera skrivača
Umotao se u vlastiti svijet veselja.
Šuštanje pelina i izlazak sunca.
Na brdu, drveni križ.
Rijetka ljepota u podnožju stijena.
U miješanju straha i uzbuđenja
Tragačica i majka četvero djece.
Budale i bogovi grade brodove.
Svraka i tišina kojom se veže.
Sove bježe.
Preludij ptičje pjesme spoznaje.
Izravna, sigurna i tragajuća smrt
Ne postoji u poeziji.

UTUČENA ŠTENAD MAŠE REPOVIMA

Stani uspravno, vojniče!
Zasljepljujuća zamućenost
Daruje ti ručak koji bi te nasmijao
Pruža Istinu koju nitko ne bi mijenjao
Nudi plutanje, tako da, dragi Luciferu
Tvoje srce postane razumno, tamno, prokleto i ukusno
Ogrebotine koje čine radost
Donose ti usud koji nećeš izdržati
Otvaraju nebo koje ne možeš napustiti
Jamče svijet koji nitko nikada nije želio --
A zbog kojeg ćeš zaplakati!
Tvoja najpouzdanije oružje
Patnja, tuga, bolest i bol
Rasipatelji žetve
Na putu do vješala
Oduzimaju ti slatku večeru
Gle, puče povodac!
Sjenom pasti, a biti savršen?

Utučena štenad maše repovima

BESPLATNI RUČAK S AI

Podaci nestaju
Informacije nestaju
Sustav nestaje

Ispod brda salveta
Ostaje neizvjesnost
I sumnjičavo, zbunjeno ljudsko biće

Čovjek bez misli krade slatkiše

NEPROMIŠLJENA INTELIGENCIJA

napredujem bez razmišljanja
u igri sumnjivih glazbenih podloga
improviziranih raskošnih odgovora
samorazumljivih referenci idealizacija
redovi i redovi upražnjene prošlosti

pored istančanih zvučnih ritmova
eruditnih gramatičkih konstrukcija
semantičkih kontrasnih asocijacija
i stilski izoliranih apstrakcija
produkcija trivijalnih simboličkih značaja

zaboga, sofisticirani oštroumni rječnik
ponaša se kao nepromišljena inteligencija

VADIČEP PROSTORA

na granicama znanja
božanstvena spoznaja
stara kraljica mudrost

vremenski stroj putuje

PIKSELI I PRAŠINA

izađite muhe, crvi i miševi
vi, gospodari vlastite sudbine
zemlja kruži po istome krugu
navodni poricatelj ljudskih strasti
mitsko biće razuma i logike
na brdo dolazi iz budućnosti
(u samo tkivo postojanja stavlja
zastarjele umove sposobnosti)

promoviran iznad gorućeg sunca
svijet uništavatelj se odupire
a zatornik je sve bliže i bliže

PAMETNA ODJEĆA

A teza, antiteza i sinteza
Jesu nova teza – evolucija!

TEOREM O NEODREĐENOSTI

Valencija riječi (volja)
Srebrni metak analognog života
Evoluira vrhove prstiju
U sintetički digitalni organizam

PIJANI MORNAR

Crna vali, stijenje obalu mije!
„Bludna karto od plodova mora,
Krunu kralja za tokajac umora!" -
S dna palube pripit se galeb smije.

„Bukara vina za točionik poja!"
Arija posljednje igre žestica
S usana plavobijelih jata ptica,
Sinjega mora i slanoga znoja.

Stara mreža olovnica miruje,
Oblak snatri, plovidbu potpiruje
Pinta tot o' ruma, omama mala.

I sve se broji. Brodovi što kasne,
Sidrenjak svijesti i karike jasne -
Oluja, vjetar i pijanstvo žala.

SADRŽAJ

Printed by Books on Demand GmbH, Norderstedt / Germany